This book belongs to:

Mini Music Reference Guide

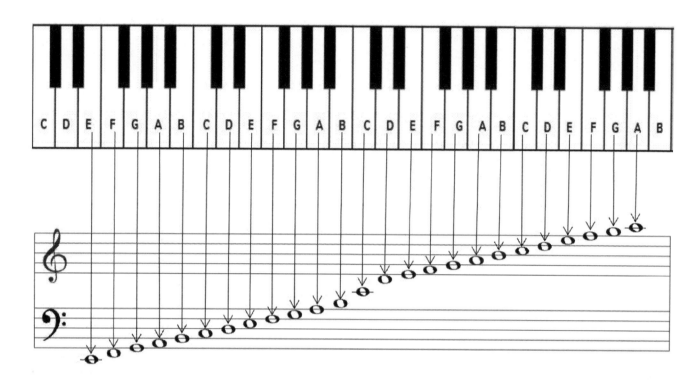

Lines and spaces of the treble clef:

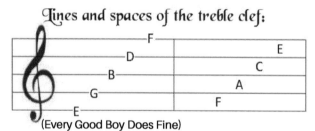

(Every Good Boy Does Fine)

Lines and spaces of the bass clef:

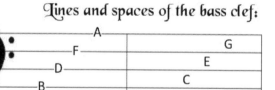

(Good Boys Do Fine Always)   (All Cows Eat Grass)

Notes and Rests:

Semibreve / Whole Note	𝅝	▬
Minim / Half Note	𝅗𝅥	▬
Crotchet / Quarter Note	𝅘𝅥	𝄽
Quaver / Eighth Note	𝅘𝅥𝅮	𝄾
Semiquaver / Sixteenth Note	𝅘𝅥𝅯	𝄿

Title: _____   **Date:** _____

Title: _____

Date: _____

Title: _____   Date: _____

Title: _____   Date: _____

Title: _____ Date: _____

Title: _____   **Date:** _____

Title: _____ Date: _____

Title: _____   Date:_____

Title: _____   Date: _____

Title: _____   **Date:** _____

Title: _____   **Date:** _____

Title: _____   **Date:** _____

Title: _____   Date: _____

Title: _____   Date: _____

Title: _____   **Date:** _____

Title: _____ **Date:** _____

Title: _____   Date: _____

Title: _____   Date: _____

Title: _____   **Date:** _____

Title: _____ **Date:** _____

Title: _____   Date: _____

Title: _____   **Date:** _____

Title: _____ Date: _____

Title: _____   **Date:** _____

Printed in Great Britain
by Amazon

36338406R00071